LA CAJA DE BUKOWSKI

ExLibric

J. P. J. (SCOTTA)

LA CAJA DE BUKOWSKI

EXLIBRIC

ANTEQUERA 2024

LA CAJA DE BUKOWSKI
© J. P. J. (Scotta)
Diseño de portada: Dpto. de Diseño Gráfico Exlibric

Iª edición

© ExLibric, 2024.

Editado por: ExLibric
c/ Cueva de Viera, 2, Local 3
Centro Negocios CADI
29200 Antequera (Málaga)
Teléfono: 952 70 60 04
Fax: 952 84 55 03
Correo electrónico: exlibric@exlibric.com
Internet: www.exlibric.com

ISBN: 978-84-10297-23-4
Depósito Legal: MA 2004-2024

Impresión: PODiPrint
Impreso en Andalucía – España

Nota de la editorial: ExLibric pertenece a Innovación y Cualificación S. L.

J. P. J. (SCOTTA)

LA CAJA DE BUKOWSKI

Dedicado de entrada a Isabel Ruiz Carrasco
y de salida a Raquel M. Heredia.

Prólogo

Si bien no resulta fácil prologar la obra de un autor como J. P. J. (Scotta), como editor es algo que, sin duda, hace tiempo deseaba hacer.

Con *La caja de Bukowski* hace entrega al lector de un compendio visceral de versos que se balancean sobre el tenso hilo de la existencia humana, un testimonio arrollador de la crudeza, la belleza y lo absurdo de la vida. La poesía de Scotta nos transporta a un mundo donde el amor y el dolor son dos caras de una misma moneda, desgastada por los roces del tiempo y las inclemencias del destino.

En una amalgama entre lo prosaico y lo sublime, Scotta nos presenta los fantasmas de Charles Bukowski, resonando en cada línea un tributo al mítico poeta del desencanto. Pero no se equivoquen: aunque la sombra del escritor estadounidense planea sobre el texto, Scotta logra imprimir (una vez más) su inconfundible sello, una voz que, aunque heredera de la crudeza bukowskiana, susurra también con la ternura de los desposeídos, los enamorados del abismo.

A través de poemas como «Un hombre enamorado», «Sembrar y quemar», y «No soy como vosotros», el autor explora el amor en sus múltiples facetas, al tiempo que se aventura en las profundidades del autoconocimiento y la autoaceptación. La obra es un espejo en el que cada lector encontrará reflejadas sus propias cicatrices, sus propias batallas, su propia sed de vino y vida.

El lirismo crudo y sin adornos de Scotta se entremezcla con referencias culturales que abarcan desde Silvio Rodríguez hasta Roberto Iniesta, creando un puente entre la poesía y la música, entre el ayer y el hoy. Cada poema es un acto de resistencia contra la indiferencia, un grito en la oscuridad que busca la luz, aunque esta se filtre a través de las grietas de un corazón roto.

La caja de Bukowski es, en esencia, una invitación a descorchar la botella de nuestras propias vidas, a beber hasta la última gota, con la certeza de que, en el fondo del vaso, quizás solo encontremos más sed. Pero es justamente esa sed, insaciable y ardiente, la que nos mantiene vivos, la que nos impulsa a seguir leyendo, a seguir buscando, a seguir amando... Solo tienes que estar dispuesto a enfrentarte a la verdad de tu reflejo en el espejo roto de la poesía de Scotta.

TÚ Y BUKOWSKI

«Que nadie levante un vaso,
que nadie se atreva a hablar,
que está pasando un marino,
que está pasando un borracho
con toda la mar detrás»
Patxi Andión

Soy tan raro
que me enamoré de ti,
porque te gustaba Bukowski.
¡Cuántos navajazos
da la vida!
Por ti cometí
mis mejores borracheras,
por ti a mi corazón
lo convertí en cebra
de tantas rayas de pólvora
que pude juntar por ti
en aquel sitio tan blando.
A la Mariquilla la Salvaje
le regalé las noches más blancas,
pero yo te quería a ti,

porque leías a Emily Dickinson
y eso estaba prohibido,
leerlo sobrio o leerlo vivo.
Me hundí,
pisé el cadáver de mi alma,
tropecé y me hundí
como un submarino
vencido, deprimido y roto.
Pasó el tiempo,
pasó el siglo
y aunque dejé mi sonrisa
colgada de un tendedero
seca y *escaesía*,
aún soplaba y seguía vivo.
Arrastrándome, salí del pozo
y logré ponerme en pie
para pedirle al camarero
un buen vaso de vino de Cómpeta,
que es lo que realmente me gusta.
Me gusta porque sabe a ti
y a Bukowski.

VENGO

«Algo me pasa que en mi pecho existe.
Vuelan hormigas y discurren peces.
Suena la sangre y el tambor convoca»
Gloria Fuertes

Vengo de perder muchas peleas
y de ganar unos cuantos kilos,
soy aquel que busca en las cunetas
el filo del último cuchillo.
Los hombros los traigo en barrena,
mi alma en pelea con mi niño,
y una cicatriz, ¡maldita sea!,
abierta cual puerta de un presidio.
Vengo de sufrir muchas afrentas,
de derrotas llenos los bolsillos,
pero en las manos guardo aún las cuentas
y no se me perdió ningún anillo.
En la espalda no me crecen ya saetas,
callé a todos mis enemigos
y no le pido a nadie que me quiera,
yo me basto y me sobro conmigo.
Vengo de romperme la cabeza,

de mudar la piel cada domingo,
pero aquí estoy y no estoy en venta,
soy el ave fénix, no un vencido.

VIVO EN UNA TARATACHINDA

«Me inventé mil maneras
de perder la cabeza, es más sencillo así»
Roberto Iniesta

Vivo, por decir que vivo,
en una taratachinda.
Un día me cuajo abajo
y al otro cuelgo de arriba.
Un día me parten la cara
y al otro me como las tripas
del mamón o del gualtrapa
que me roza la camisa.
Vivo de las puñaladas
con las que a mí me trinchan
y de las que yo devuelvo.
Una semana me invito
y en la siguiente me quemo.
Un mes duermo a pierna suelta
y el otro en el cementerio.
Muero mortal en abril
y resucito en enero.

SEMBRAR Y QUEMAR

Sembrar
y sembrar de nuevo.
Todo arde como paja,
como alfalfa, como heno;
todo es llama.
Yo siembro para quemar
todo lo que siembro,
todo lo que amo,
todo lo que invento.
Todo lo que siembro
es muerte,
todo lo que quemo
es vida,
todo lo que siembro
lo quemo
y solo mi mano apaga
esa espiga de pasión
indultada en procesión
por estrecha y por macarra.

MÁS RARO

Tú tienes una familia.
Yo tengo un vaso de vino,
adscrito a mis intestinos,
siempre en plena vigilia
y sé que nunca se afilia
a mi equipado tabú.
Yo soy más raro que tú,
amiga mía, y por eso
me pliego al clan del exceso,
y estoy más solo que tú.

UN HOMBRE ENAMORADO

> *«El desamparo tiene ahora tu rostro...*
> *tu nombre, tu ausencia»*
> **Silvio Rodríguez**

Un hombre
enamorado y despreciado
es un vaso de vino peligroso.
Un vaso, en vez de vidrio,
de alambre de espinos,
un vaso que amortaja
a un caldo que en nariz
es hueco y decrépito,
y presenta aromas
de soledad y tristeza,
que en boca desgajada
se muestra picado y corto,
con notas recias e intensas
de veinte almendras amargas
y matices de pólvora cruda.
Un hombre enamorado
es ese vino que beben
los supervivientes

de los filos, de los intestinos
y de todos los bajos fondos
del infierno más divino.

DEJAMOS DE SER DOS

«*A veces en la vida tienes que elegir entre qué*
puentes tienes que pasar y qué puentes tienes que
quemar. Yo soy el que tienes que quemar»
The International: dinero en la sombra

En mi canana ya no hay tangos
y mi vaso de vino está de mal humor.
He perdido la cuenta
de las veces que he muerto
y mi vida se quemó
en el último adiós,
en el último trago.
Las fotos del pasado
arden siempre
y entre las últimas fotos
se quedó mi corazón,
y si aún no estaba tan olvidado,
ahora sí, ahora en ninguna historia
volveremos a ser dos.
Ya mi primavera está exiliada,
ya mi sangre calma no se precipita,
no busca el diluvio,

ya no existe Dios,
ni el fandango fácil,
ni las cremalleras,
ni el sauce llorón
en mi cartuchera.
Una copa más no hace mal a nadie,
un disparo a tiempo siempre es lo mejor.

SOBREVIVIENTE

Podría ser un hombre atormentado,
razones para ello no me faltan,
pero no, aún estoy en el mercado
y mi cara presta a que me la partan.

Me hundo cada vez que me acribillan
con ráfagas y esquirlas de amoríos,
me hundo, pero nunca me arrodillan
delante de mis libres albedríos.

Y, por eso, alzo siempre la cabeza
con cierta borrachera de entereza.
Podría ser un hombre atormentado,

un loco, un majareta o un chiflado.
El día que se me infecta algún bocado
la rubia que me cura es la cerveza.

Oootro portazo...

Me echaste de tu puerta
como a un perro
por un gramo de speed
muy mal cortado (eso es verdad),
me tiraste a la calle, me arrojaste,
como el que se desprende
del agua de lavar pescado.
Preferiste al que tiene
más ángulos en los bolsillos,
al que es seguro que tiene
el polvo rápido y presto;
preferiste juventud,
prosa anodina en ralentí
y el vacío del cobarde
hecho candela.
Ni me miraste los dientes
desde tu humilde barranco,
ni mordiste mi metal
a ver si era cojo o manco,
le prendiste fuego al monte
para hacerte un buen churrasco.
A él, le pusiste un kiosco,
y a mí, me mandaste al carajo.

DESPRECIADO PERO LIBRE

«Prefiero ser un átomo no identificable,
basura de lo etéreo, o un trozo de tiempo muerto»
Xavi Ripoll

No le gustó a ninguna
la carga de libertad
estibada en mis espaldas.
Se asustaban
o buscaban otro andén
donde asomar a su puerta,
o salían a correr
por el monte de la ciencia.
Prefirieron la cadena sin boquete
o la caverna de siempre
con vistas a una quimera.
Prefirieron lo seguro
y no cambiar de condena.
Me querían maquillado
o con envoltorio correcto,
y yo soy un irreverente
de los que no tienen precio.
Me querían con careta

y a mí ya no me quedaban
versos de carmín y orquesta
arrecolgados a mis escrotos.
Yo soy de curvas más bestias,
de movimientos más bruscos;
yo soy de los que se queman,
pero nunca se congelan;
yo soy del color
del chispita de tren
(ron barato)
y hasta alicortado
amanso al viento.
Me abandonaron de día
y yo me fugué de noche.
La taberna fue mi templo,
y mi religión, la derrota,
pero libre hasta la colcha,
libre hasta mear veneno.

LÍQUIDO FINAL

«Yo quiero que te sientas tan inútil
como un vaso sin whisky entre las manos»
Albert Pla

Un vaso en la mano
y un charco en los pies,
ese es mi destino.
Ese es el destino
de las fieras líquidas,
ese es el adiós
que tiene el vino,
cuando en la capacha
de las sombras
no hay tocino
y en mi cantimplora,
en un agujero
anida un tiro.

AÑORO

Añoro a mis pequeñas borracheras,
pero a las grandes no llego a tanto.
Nunca cuestioné la ocasión y el cuánto,
nunca quise ser el de las tijeras.

Recuerdo a las pequeñas por sinceras,
las grandes me comían la memoria
y aún están desterradas de mi historia,
siempre fueron fugaces compañeras.

Solo lo pequeño cabe en mis manos,
solo lo liviano quedó indultado
como el que guarda en botes solo granos.

Pero yo también sé que en lo bailado
pesan mucho más secos pantanos
que un río caudaloso y educado.

DÉJAME

Déjame morirme un día
al borde de tu camino.
Déjame que sea tu cáncer
cuando se me acabe el vino.

MIRAR ATRÁS NO, COÑO

«Ponles red a las penas
para que nunca nos mutilen»
Laura Olalla

No volveré la mirada,
mis cuencas son de otro mundo
y mis pestañas se rayan.
No volveré al ruedo amargo
de amapolas despeinadas
del soñoliento letargo
y de tardes apagadas.
No volveré a los ochenta
a hacer con mi corazón
dulces de leche y de menta,
sin tener una razón
que divierta o entretenga.
Para qué mirar al sol
si la luna es la que quema.
No volveré a derrumbarme,
a curtir mi cabellera
de genistas y calambres
y aderezar las aceras

con vómitos y vinagres.
Por más que el caballo quiera
ya no galopan volcanes
por la faz de mi escombrera.
No me pidas que me pinche,
que tengo la sangre ocupada
y muchas canas en las ingles
de mis nalgas divorciadas.
No me lo pidas, muñeca.
Hoy no me quedan ya balas
pa entregarme a la ruleta.

LA ÚLTIMA BALA

«Ya es de noche en el centro de la luz»
Raúl Quinto

Aquella película de Tom Hardy
que nunca existió
porque no fuimos.
Aquel campo fútbol de coca
que se esfumó
tras el cristal
de un balonazo de realidad.
Aquel mes de mayo
que acabó en cuarenta,
que acabó *pa* siempre
con mi carrerón de perrito faldero.
Aquella canción de Extremoduro
que se deslizó en la noche
hasta un pozo sin fondo,
cuando la luna era ya una ausencia.
Aquello parecía distinto
y aquello resultó lo de siempre,
pero con una pátina jugosa
de escarmiento y aflicción.

Aquello sonó al *Último trago*
de Chavela Vargas,
a un corte de venas,
a *Muerte en Venecia*,
a la última bala.

UN LOCO HERIDO

«Todos mis pasos están guiados
por el revolver que me late en el pecho»
Cinthya Marve

A qué hora es la pelea con el amor,
que vengo bravo
y no hay más apto y fiel en buena lid
que un derrotado.
Un loco herido y turbio
es un regalo,
es un caramelito para el verbo
destrozado,
y así quiere el amor a sus guerreros,
a sus vasallos,
extremos en su metacirco
y muy mermados.
Todo sea por el bien
del espectáculo.
Sostenme el corazón un poco más
que me emborracho,
todo sea por el bien de una amistad
a puñetazos.

Esperadme un poco más que entro
vomitando
y preparaos para lo peor,
porque hoy lo mato.

AMANECER

«Y es tanta la pena
que se me nubla el horizonte»
Ana Herrera

Amaneció,
abierta en canal la mañana.
Todo era humedad
de la que pesa,
como un llanto doloroso
pero quieto;
todo era resaca,
serenidad tras la tormenta;
todo estaba en el suelo
mascullando clemencia.
En el ocaso pasado,
en la puerta de la noche
más cercana,
más a mano,
el viento con voz de navaja
acuchilló a las nubes,
acuchilló el horizonte,
acuchilló a las montañas

y la muerte florecía joven,
silente y estanca,
empuñando difunta
su guadaña blanca.
De sangre quedaba
tan solo una mancha,
un recuerdo vivo,
un hilo de Marte,
un cielo vencido
y mi alma al alcance
de un dios asesino.

ESTADO DE SITIO

«El cobarde silencio que merma mi emoción»
Magna Portal

Todo es guerra en mi corazón
porque se cuela el amor
y el amor es guerra.
Todo asalto,
todo brega.
El amor lo lleva todo
por la calle más sangrienta.
Todo es luto en mi corazón
después del parto.
Humo de amor,
muerte en batallas
de cartón piedra,
oscuridades, sombras, ¡adiós!
y sepelio triste de mis cobayas.
La muerte en mi pecho
tiene un sillón de preferencia.
La vida, si no es con una litrona,
no entra.

J. P. J. (SCOTTA)

DEL RENCOR AL ORGULLO

Hazte cargo de todos tus errores,
de las bombas que colocaste
en diversos corazones»
Alba Ruiz Reyes

Desde el rencor
y la ilusión herida
se acelera el motor,
se precipitan solo
pavesas de dolor.
Hay razón
y hay desafío,
pero hay un curso
rápido, instructivo,
de orgullo en salazón,
de orgullo herido
que desboca al hilo
y entorpece al corazón.

QUIZÁS

«Contemplando cómo caes sobre el papel»
Gata Cattana

Quizás te escriba un poema,
quizás lo esté escribiendo ya.
Quizás me acuerde de ti,
aunque no te quiera ya,
aunque no quiera quererte.
Quizás no te quiera más
como te he querido siempre.
Quizás no mire para atrás
como hacen los valientes,
como los locos de atar.
Quizás quererte no basta,
quizás quererte es matar
a todos mis descendientes
y estoy ya harto de matar.
Quizás no me atreva a quererte
por temor a naufragar
como ha pasado siempre,
siempre que me falla un plan;

como me ha pasado siempre
que llega tu cumpleaños
y ya no me aguanto más.

14 DE SEPTIEMBRE

«Me come en sueños como un cáncer rosa...»
Delmira Agustini

Yo me corté las venas
del amor en primavera,
con bulla, como siempre,
y mal cortadas.
Lo sé porque hay heridas
que viajaron al oriente
y no han vuelto jamás;
no hay ni pisadas
en mi copa de aguardiente.
Lo sé porque otras no cerraron
y, de vez en cuando, van y llueven.
Lo sé porque hay una que aún sangra,
aún ladra y se conmueve,
cuando más crecen mis alas
y por mi ventana rota
ya ha entrado septiembre.

CONDENADO

«Alguien en mí se quema»
Alejandra Pizarnik

Siempre hubo un poema
entre tu cuerpo galopando
y siempre fui capaz
de verlo y de domarlo
y de abrirle las noches
y, después, acariciarlo.
Pero siempre hubo detrás
una soledad que me distrajo,
que me quemó la rosa,
que me acabó arrastrando;
siempre hubo un silencio
en tu infierno agazapado
del que mordí una manzana
y me acabé enamorando.

LA VIDA ES UN CAMINO

La vida es un camino
que te lleva a la muerte,
y el camino,
como todos los caminos,
tiene un nombre:
Amor.

J. P. J. (SCOTTA)

YO NO SOY DURO CONMIGO

Yo no soy duro conmigo.
Duro fui cuando se fue.
Ahora lo que soy es cruel.

EN EL PALOMAR

Hoy, en el palomar que yo tenía
abandonado, clausurado, inerte…,
se oye el arrullo de una fiel amiga
con una letanía convaleciente
de un viaje al sur y a otra vida.
Una paloma antigua y refulgente
le ha dicho a un viento de mi melodía
que, aunque sea un ratito, quiere verme
y se ha paralizado mi agonía,
y me asusto y ruedo como siempre,
tiembla mi tinta loca de alegría,
ardo desde mis pies hasta mi frente
y desempolvo absueltas energías
como cuando aún lloraba en los andenes.
Hoy es invierno, como cualquier día,
pero el corazón lo tengo verde.

MIS MANOS

*«El animal que soy:
indigno de adorarte»*
Javier Espinosa

Mis manos, mis dedos primos,
no sirven para acariciar
como las olas del mar,
no sirven para dar mimos.
Crecieron en lodo y fimos
para el trabajo y la garra,
para el flamenco en la barra,
para manejar cuchillos
y para apretar gatillos,
si se tuerce alguna farra.

GUERRA PERDIDA

«Yo llevo cuarenta años
protegiéndome del amor»
HIT

Todas las batallas del amor
las he perdido,
todas, sin excepción.
Gané batallas de barra,
gané batallas de tinta,
gané batallas al viento,
gané batallas al sol,
gané batallas de barro,
gané batallas de vicios,
gané batallas calientes,
gané batallas internas,
gané batallas a Dios…
Y cada uno de mis años
me dicen, de distinta manera,
que ya es hora de reconocer,
definitivamente,
con el corazón en la mano
o en el suelo, pisoteado,

que he perdido la guerra.
De mi derrota, por lo menos,
ya no se apropiará la muerte
y quizás sea mi derrota
lo único que se recuerde.
Todas las batallas del amor
las he perdido,
todas, menos la muerte.

NO OS GUSTA LA MUERTE

«Y el amor,
cualquiera que haya sido,
una infección»
Anne Sexton

No les gusta
que hable tanto de muerte
y a mí lo que me gusta
es la muerte.
Nacer
es comenzar a morir,
pero sin decirlo,
pero sin sentirlo,
sin querer que suceda,
sin abarcar la realidad,
sin demostrarlo,
escondiéndolo.
Amar
es soportar la muerte
en tus carnes,
es repetir una muerte
tras otra,

es demostrar que sabes morir,
que eres un buen suicida.
Es admitir el sufrimiento
si es hasta la muerte,
como Dirk Bogarde
cuando es Gustav von Aschenbach.

Por eso no me leen,
no quieren nacer en la muerte,
no quieren morir amando.
No quieren.
No les gusta.

25/11/2021

Todos los años he estado con ellas,
pero hoy no me he atrevido.
Y sé que me dirán:
«Porque tú no has querido».
Y es verdad, no he querido,
pero no he querido,
porque no me he atrevido,
no porque no lo deseara.
Sí, la culpa es mía, por supuesto,
no he sido lo suficientemente valiente
para estar en este lugar
y no he estado.
Yo voy para atrás,
ando para atrás
y temo a una caída.
Estoy más pendiente
a no caerme que otra cosa,
que a estar con ellas, por ejemplo.
Hoy he perdido una batalla,
hoy he sido comido,
hoy he sido una planta arrancada…

Tarjeta caducada

«Conoces el enjambre feroz de las agujas,
las noches que no acaban cuando sale el sol»
Benjamín Prado

Llegó el final de esta tarjeta.
Medio lustro de meadas
en los cajeros más bordes
y de alguna que otra patada,
con el cadáver del número
borrado de la sesera,
ahogado y desquiciado
en la tercera borrachera.
Todo tiene su final,
que siempre llega,
hasta el dinero de plástico,
hasta las eternas guerras.
Pero no he podido arrojarla
a cualquier papelera,
a cualquier contenedor,
a cualquier escombrera.
Una tarjeta es nada,
como un vaso de vino:

es plástico y es veneno
que debe ser destruido
para construir con sus miserias
nuevos venenos más finos.
Pero me cuesta trabajo
deshacerme de esta tonta.
En su cuerpo no hay más pinta
que números enfilados: militares;
su alma es de compra y venta,
como cualquier persona
presa del capitalismo;
su función y su trabajo:
la tentación y el deseo
y la usura y el flirteo,
casi *txarrena*.
Pero algo me retiene
a la hora del desguace
en el que creo y no creo,
y son esos filos largos,
esos bordes duros, tiesos,
donde hay rastros de sonidos
del último picoteo;
donde descansa el insomnio
de mi última noche blanca,
noche de desenfreno,
noche larga, larga y larga;

y el recuerdo de la muerte
de mi última neurona sana
por culpa de aquella estrella
a la que llaman la Chasca.
Por eso es que a mi tarjeta
yo no me atrevo a tirarla.

CUANDO LLEGA EL DÍA

«Te pegan cuando no puedes
devolver los golpes
ni tienes a nadie
que los devuelva por ti»
David González

Te pega para que sepas
que es el que manda
y así te ordena y obedeces,
y así te achancas y te arrastras.
Te dice cómo tienes que vivir,
te manda a los sicarios a tu casa,
te vende a ti tu propia mercancía
y tu propia plusvalía es su demanda.
Se siente poderoso si tu miedo
cotiza en Wall Street cada mañana;
se siente generoso si las guerras
anuncian nuevos toques de campanas.
Hasta que un día te levantas, y ese día
decides no lavarte más la cara,
te acoplas los casquitos del demonio
y pasas de escuchar ascos y arcadas.

Decides tu camino y tus maneras,
la forma y el sabor de tus zancadas,
decides tu respuesta cuando acuda
la voz de tu pastor como pegada:
«¡Como me toques te mato!»,
y así se arreglan todas las cachadas.

LLORAN

«El afilado aguijón con veneno de tu ausencia»
Margarita Perujo Nebro

Las piedras tienen historia
y por eso también lloran.
Lloran hasta las armas,
llora el asma de los cables,
llora una cuna olvidada,
llora el sol cuando se quema
en su propia campanada,
lloran los cielos sin techo,
llora la última madre,
llora Lilith en el infierno,
llora el fuego que no sabe
por qué existen asesinos
y llora la muerte en cuclillas
como si no hubiese vivos.
Todo dios llora por Tokio.

Una religión en un ojo

Tengo una religión dentro de un ojo.
Nadando entre la sal de mis almenas,
Se me ha colado entera como un toro
aprovechando así la puerta abierta.
¡Cómo molesta tanta piel de plomo!
¡Qué daño me dedica tanta hiena!
Contra mi voluntad llevo un demonio
colgado de mi última respuesta.
A mí esta religión me vuelve loco,
me saca las manzanas de la cesta.
Con tanto purgatorio y tanto trono
manchado con la sangre de las velas,
con tanto miedo acorazado y tosco
marcándole una a una las quimeras,
tendré que aterrizar de mi sofoco.
Cuando se apague un día la candela,
tendré que asesinar al dios de todos.

SE DISPARÓ

Se vio solo,
se sintió solo,
se encontró solo
y se disparó
un poema.

PREFIERO

Prefiero ofrecerme a la tierra
leyendo a Alejandra Pizarnik.
Yo soy uno cuando sueño,
otro cuando escribo
y otro cuando vivo.
Y, por eso, y sin alforjas
prefiero un disparo de Alejandra,
un disparo acabado de Alejandra
antes que escribir un dulce adiós
con la meliflua tinta de un beso
y antes que curtir una mentira
para arropar a la vida.
Prefiero la oscuridad del ausente
y el sabor de mi saliva.

LLORAR POR JÀNIS

«Para visitar
el Hotel Chelsea
y emborracharme
en la acera de enfrente,
recostado en la pared
y sentado en seis ladrillos».

Aquella fue la contestación
de por qué, al cabo de la vejez,
me hundía en la estupidez
de conocer Nueva York.

«¿Y por qué ahora
que has dejado de beber
y de fumar porros?»,
me dijo, me preguntó
desde el lóbulo derecho
de mi atado corazón.

«Es que acabo de enterarme
que Janis Joplin ha muerto
y quiero aprender de nuevo
a llorar por mi dolor».

La tarde caía a plomo
y yo, sobrio y desdichado,
escuchaba *Cry, cry, baby*
con el pasaporte en la mano.

EL INDIGENTE

«Soñé con venderme al diablo,
que nunca me escuchó»
Jaime Gil de Biedma

Metí mi corazón
en un coño caliente
y le quemé las yemas
a mi dulce serpiente.
Cuánto dolor acuno
debajo de los puentes;
cuánto juicio ausente
en mis dos vergüenzas:
la llana y la corriente;
cuánta frustración
guardan mis dientes
de caluchadas niñas
y piel adolescente.
Yo voy gateando
y soy consciente
de mi apariencia:
soy un afluente

J. P. J. (SCOTTA)

de aguas muy negras,
soy el indigente
que siempre se estrella.

RENUNCIA

«Llevamos el futuro bordado en la piel
y la locura es nuestra bandera»
Silvia Delgado

Dejé de creer en ello,
no llegaba a tiempo nunca
o me fallaban los frenos.
Mi ventana, apedreada,
olía a tizne o a pienso
y, por eso, con mis canas,
corté los cables del viento.
Mirar atrás nunca quise.
Mirar atrás era un cuento
con visos de ser tachado
entre un cobarde o un viejo,
pero miré atrás por cansancio
y se me calló el cencerro.
Seguir adelante, sí,
pero con mi propio infierno
de locuras inventadas
en los palcos del silencio.
Seguir adelante, sí,

pero comiéndome al tiempo,
en soledad, siempre solo,
mirando por mi agujero,
destripando las cadenas
que sólo entienden de incendios,
gozando mi desnudez,
amansando los desvelos
y renunciando a la miel
que a mí me sabe a veneno.

Vuelta al barro

«Mi sueño es producto
de la estafa que es la vida»
Nicolás Linares

De vuelta al barro,
tomando la curva
que está en la esquina,
derrapo y muerdo
la espina dorsal almidonada
de mis perros guardianes,
tan decadentes,
tan decorados
con odio en ristra.
Estoy aquí para pelear
y vengo armado,
estoy aquí para beberme
la sangre fácil de los centauros,
para romperles la jaula
a los de la toga
y al muérdago imbécil
de los tejados
que tapan las vergüenzas

de un cielo a plazos
turbio y comprado.
Estoy aquí
y vengo borracho.
Apártense todos
que yo disparo,
que traigo los dedos
muy resbalosos
y busco carnaza
para mis lobos.

No soy como vosotros

*«No deseo oscurecerme /
aniquilarme en el placer»*
Francisco Peralto Vicario

No, no soy como vosotros, amigos míos.
Yo tengo tierra en los ojos
y carmín en el ombligo,
tengo una flor en el codo
y en barbecho mi gatillo
y, aunque no he tocado fondo,
sigo siendo un asesino,
y sigo quemando fotos,
y sigo comiendo niños
y sigo ejerciendo de estorbo
en los días más concurridos.
Buscadme entre los escombros,
que es donde mejor vivo.
Siempre fui juguete roto
en el juicio femenino
y prefiero los arroyos
a tan grandes *argaijos,*
al álbum entero de cromos,

o a esos fétidos suicidios.
No me quedan ya decoros,
ni chicles en los bolsillos.
Junto a vosotros me ahogo
y se me rompe el frenillo,
pero no es culpa de vosotros:
la culpa, quizás, del destino.
Vosotros cogisteis el toro
por los rigores más finos
y yo preferí el antojo
de la reserva de indios.

LA MÁLAGA DE HOY

*«Para continuar vivos
tuvimos que vender la vida»*
Antonio Orihuela

La Málaga de Fernando Merlo
y de Javier Espinosa
no era la Málaga que hoy
plastifica el sonido de los sueños,
no es la de Cánovas del Castillo.
Era la Málaga del verso entero
y el fluvial abrazo temprano,
la que molía con sus calles
sangre fina y algas roncas,
la que moría entre palomos,
aburrida, picassiana, desleída,
con tintes de azafranes y taninos,
con biznagas enredadas
entre cautelosos almecinos.
Era, era, era…
Hoy acude al paladar
de los pulpos constreñidos,

adornando de oración
el verdor de sus *flequillos*
con proféticas sordinas.
El mar que aquí relincha
es un templo del suicidio
raquítico e inminente,
y es un antídoto profundo
para el verbo que aún respira,
¡y menos mal!
Todo en Málaga es poesía
impotente y hasta autista,
en esta Málaga ausente,
en esta Málaga estrábica,
poesía revestida de patentes,
porque nunca estuvo el sol
lleno de culebras y gaviotas
con las cabezas saltando
de puente en puente;
nunca hubo tantos alacranes
desayunando en los ojos
de los mirlos y las almejas
y, sin embargo, los letreros
conservan miedo en los ojos,
más del foro, más del vino.
Porque en Málaga,

la Málaga de los suspiros,
todo es viento, viento y viento;
todo es olvido y olvido.

FUERA DE LUGAR

«... soy una convulsión, un grito,
sangre aullando».
Alejandra Pizarnik

Fuera de lugar,
como en la gloria,
como Dios manda
o como mandan los principios.
Fuera de lugar,
acometido,
entumecido
y solo en el espacio.
Fuera de lugar,
en otra órbita,
en otro mundo,
con sombras
ocupando mis ladridos.
Fuera de lugar,
desorientado,
acordonado,
sin rumbo fijo en mi quietud.
Fuera de lugar,

atragantado,
obnubilado,
buscando un gramo
de calor para mi máscara,
deseando un poco de manteca,
un algo en mi nariz
que me obedezca,
que me enumere,
que me sorprenda.
Fuera de lugar,
como las cabras,
como un terrón,
un tigre en una lata de fabada,
el frío en procesión,
la cicatriz o el borrón
de alguna arcada.

RAQUEL PIZARNIK

Noam Chomsky,
mi faro político, mi atuendo,
mi perfil izquierdo.

Nirvana,
mi reventón musical,
mi Camarón en Madrid
muriendo en un semáforo.

Y ahora, mi Alejandra Pizarnik,
mi porción femenina de la poesía,
mi musa enfática de la destrucción,
mi moderna bajada al infierno,
la mano femenina
que no me soltó
del vaso apestoso de Bukowski.

La Isa se llevó a Emily Dickinson
a las calles de Oxford
y mi dios, que es Maradona,
me mandó a Alejandra Pizarnik
para mascular y *golindrear*
con sus palabras de esparto y miel,

en uno de sus insolentes regates.
Sí, fue Pizarnik
mi última inquietud,
y ahora vienes
y me la desnudas tú
con ese relumbrón de viernes,
con ese azote de luz.

YO ME QUEDO

«He muerto tantas veces
que ahora sé resucitar»
Elvira Sastre

A mí
no me importa seguir
entre los perdedores.
Cuando nací,
perdí mi vida.
Viviendo
he ido perdiendo
la ilusión y la esperanza,
y ahora, que dais un paso
adelante para ganar,
yo me quedo
Me quedo
en mi tarama,
en mi almiar.
No sé de triunfos,
no sé nadar,
solo aprendí

medio a bucear,
un poco a morir
y a resucitar.

Índice